UNEN KADONNUT AIKA

Riitta Komppa

UNEN KADONNUT AIKA

Runoja

Tämä on kolmas runokirjani.
MISTÄ MINÄ TIETÄISIN ilmestyi vuonna 2020 ja
EN MUISTA LÄHTENEENI vuonna 2021

Kustantaja: BoD – Books on Demand, Helsinki, Suomi
Valmistaja: BoD – Books on Demand, Norderstedt, Saksa
ISBN: 978-952-33-0763-6

PIENI HAAVE

karkaa kuin ajatus
        jota et ehtinyt saada paperille

kukaksi puutarhaan
                jonka tiedät muttet tunne
vaikka tunnetkin paljon sellaista
        josta et ole koskaan tiennyt

puutarha kasvaa täyteen
        tuttuja ja tuntemattomia kukkia
niitä jotka tuoksuvat, niitä jotka eivät

POLKU[1]

Tätä polkua minä lähdin
missä kuusen oksat taipuvat kivipaaden ylle

jos vielä palaat
jos palaat huolimatta sanotuista sanoista

huomaat miten päivä päivältä kaikki kiertää kehää
        miten sisäkkäiset renkaat sulautuvat toisiinsa
                ja pikkuruiset kuplat tanssivat

polun päässä vihertää viileys
        vanhojen kuusten kehrässä
neulasilla sadepisaroita, kaikki minun kyyneleeni

ja minä kaikki nämä puut.

---

[1] innoittajana Eeva-Liisa Mannerin runo Assimilaatio

KUIVIA LEHTIÄ

Askelten painaumat haihtuvat
            edessä metsän seinä
kuunkajoinen, sateen pehmeä
            sammaleen syvä syli.

Hiljaisuus sykkii puiden välissä
            varjojen laahukset tihenevät,

muistot varisevat kuivina lehtinä
            sormiesi lomasta.

YKSI PIENI KÄPY

Astu varovasti
polun yli kumartuneen
rungon alta
vanhan pajun, monihaaraisen
sivele sammaluurteita
tunne vuosikymmenien matka.

Näe ympärilläsi
pihlajanmarjojen hehku
ja vaahteran kuultavat lehdet
auringon viistovalossa
anna kuusen oksan
hipaista hiuksiasi
ota talteen yksi pieni käpy.

Puikahda polulta niitylle
tunne sormissasi
ohdakkeen tupsukat
kuule korvissasi
heinän kahahtelu
jalkojesi alla
korsirasahdukset.

TIEDÄN KIVIÄ JA PUITA

Tiedän kiven, joka ei voi muuta
     kuin näyttää hylkeeltä,

kuusen, jonka juuret luikertavat
          käärmeinä pitkin kiven pintaa
      enkä osaa päättää
hakeeko tukea enemmän
         puu vaiko kivi.

Näen vastasahatut kannot
         vuosirenkaat tiukassa liitossa
      kuin piilottaisivat ikänsä
myös ne lahoavat, sammaleen ja
         lumen alle piiloutuneet.

Tiedän salaman pirstoman rungon
      ja kuusen, joka halkaisee kiven,

vielä koivun, jonka polvi taipuu
      ja toisen joka hymyilee.

KUTISTUNUT

Älä kysy minulta tänään mitään, vedän vetoketjun kiinni.
Otan mukaan vain väsyneen kehyksen – hetki vielä (painan
pausea), selitän viestissä:
        Olen alkanut kutistua, pienemmäksi, tiukemmaksi,
        olen kuivunut kaalinkerä.

Kaikki nämä ajatukset merihevosista telemastoihin,
ei ihme, jos saumat repeäisivät ja sisin leviäisi ties minne
(ja kaikki näkisivät).

*

Eivät ne kunnioita luokituksia, pysy räätälöidyissä
lokeroissaan.
        Sekoilevat tukka silmillä ja varpaat kurassa,
pomppivat kuin pahaiset kakarat ruutujen väärältä puolelta,
kiipeävät yli käsitemuurien ja ahmivat vaarallisia sanoja.
                        Voi nuoruuteni haaveet!

Silti – haluaisin pitää ne kaikki, muokata jotain uniikkia
ja herkkää, tavoittaa piintyneimmän realistin,
(ehkä myös rakentaa uusia soluja uusille versoille, hys),

ja nimiä, niin paljon on vielä hienoja nimiä, vaikka sitten
kutistuisin lisää, puristuisin saksanpähkinäksi.

UNILLE PEITTO

Salamat ja jyrinä sekoittavat pakan
            sadekuuro huuhtoo muistot
hulevesi luotsaa eteenpäin
            kohti levenevää jokiuomaa,

jos juuttuvat tiheikköön
            jää aikaa ajatella, mutta
                        paluuta ei ole.

Talveksi kirjotaan unille peitto
            syksyn ateljeen uusia kuvioita
            hallan puhallus ruovikossa
                        lehtien värikkäät hyvästit
ja miten vaipuva aurinko
            taikookaan kultaa
                        haapojen lehvästöviittaan.

TYHJÄT TASKUT

Kiven pinta on sileä
        toisen rosoinen, teräväkin
                vierivät
alas pitkää, jyrkkää rinnettä
        pyörivät, pomppivat, kalahtelevat.
Kun vauhti loppuu
        äänten kaiku viipyy hetken
                sitten on poissa.

Syksyn lyhyt ilta
                kärhön haituvien hopeahohdetta
                villiviinin varisevaa loimuntaa
        oranssipilvet vielä puiden yllä.

Kun rusko hiipuu
                sinihämy nousee
        valon viime viipaleet ohenevat.
Varjot saavat tilaa
                vetävät viittansa yli mäen.

Tyhjät taskut pysyvät vaiti
        on ilta ennen ensimmäistä yötä
olen kevyt ja paljas.

PORTAALISTA TOISEEN

huudan tyhjälle taivaalle
myrskylyhty loistaa kalvojen läpi
seittien harsosolmut humisevat

saippuakuplien tuoksut, värit vaihtuvat kun
        matkaan portaalista toiseen
        oheten, tiivistyen
ei määränpäätä
        vain siirtyminen ja sulkeutuminen

vuosien liimapapereissa kärpästen kirjailut

VERHON HEILAHDUS

AIKA ODOTTAA

Kun sumuisena pakkasaamuna helmikuussa
	tutun kävelyreitin varrella
puiden ja pensaiden
	puhtaaksi riisutut oksat
jopa hiljaa surisevat suurjännitejohdot,

kun ne huurteen kuorruttamina
	eivät näytä kylmiltä, vaan tuntuu
kuin aika odottaisi ja voisin kietoutua
hiljaisuuteen, ohueen ja painottomaan.

UNEN VERHO

unen palasista koottu yö
        kuin kulkisi ympyrää
                sektori sektorilta
                        raita raidalta

unen ja valveen rajalla
                verhon heilahdus
yön harsoista kudottu
        ensimmäisen lumihiutaleen
                jättämä jälki
        ullakon hämärään kätketty pelko
kudelma yö yöltä erilainen

TÄHTI

täyttymätön haave
tähtenä taivaalla

tuntemattoman polun päässä
rinnakkainen tosi

     uni
          näkemättä nähty

ONKO SE UNTA

1

Vanhan kesämökin takana metsä on tuhottu
        tilalla kokonainen lähiö
                marketteineen, rivitaloineen
                autot kaahaavat edestakaisin
        ihmiset näyttävät puhuvan itsekseen.

Järvi on sama
vaikka jotenkin kallellaan
        kiviä enemmän näkyvissä
                oikealla puolella.

2

Hiekalla vesirajassa ihmisiä
        naisilla pitkät vannehameet
                päivänvarjot pitsiä
        miehillä hattu, takin alla liivit
kävelevät verkkaisesti
                kuin kuuluisivat juuri tänne.

3

järvi pysyy
          salaiset kivikot
vesi hioo
silittelee

pinnan alaisia
ei voi tietää
          ennen kuin törmää
voiko silloinkaan
olla varma
          onko se unta

4

lasten pitää heti tulla sisään
metsä on täynnä petoja
        jotka liikkuvat hämärässä
raapivat ovea
            karhut, ahmat
                    ja sellaiset
isot linnut lentävät päin ikkunaa
            tummat metsälinnut

        pelkään että
        oven lukko pettää
        ikkunat särkyvät

joskus unilapset ovat minun
joskus vain tuntuvat tutuilta

5

joku peuran kaltainen tuli nuuhkimaan minua
                    pehmeällä turvallaan
juuri kun olin tapaamassa vanhoja työkavereita
            ja loikoilimme isolla sohvalla

pehmeydestä huolimatta en uskaltanut hengittää

6

hölkkään pitkin peltotietä
        tulen jonnekin mistä en muista lähteneeni
aaltoilevan viljan keskellä
        puuhataan jotain salaiselta näyttävää
                josta en saa tietää mitään

kaikki tuntuu niin kulmikkaalta
        enkä tiedä
        miten voisin
        sopia tänne
        piilottaa kaiken
        mitä en saisi tietää
        siltä
        mitä tiedän

AVAIN KIVEN ALLA

lennät yli metsän
        hiilensininen pilvi kätkee taivaan
vanha piha piiloutuu korkeaan heinään
                maitohorsmaan, koiranputkiin
avain kiven alla
        ruoste tarttuu sormiin
ovi valittaa
        väsynyttä pölyä valjussa valossa

taivaan tummuus tiivistyy
        salama lyö säleiksi pihakoivun
                sähkö ritisee

pesköön sade
polttakoon sähkö
sormien ruosteen
iltojen ikävän

SATEENKAARET

Kun katsoin peiliin
        näin takanani utuisen joukon.

Käännyin pois
        katsoin uudelleen
peilin pinnalla valui pisaroita
        tipahtelivat lattialle
        hävisivät äänettömästi sen rakoihin.

Itkemättömät itkut
        huuhtoivat lattian puhtaaksi.
Heitin pois pölyiset kengät
        kävelin varovasti ympäri huonetta
varpaiden välistä nousivat pienet sateenkaaret.

HAAKSIRIKKO

Rikkinäinen rommilaatikko
          lommoinen hopeakannu
lokit nokkivat vettyneitä laivakorppuja ja
               repaleisia naurissäkkejä
sekalaisen rojun, laudanpätkien keskellä
          tummat hahmot keräävät saalista.

Levärihmojen kietoma mustakantinen vihko
          puoliksi hiekan peitossa
sivujen välissä
     valokuva nuoresta naisesta
          haalistunut, toinen reuna revitty.

Horisontin irvokas punerrus
          kuin väärässä paikassa väärään aikaan
myrsky, jo väsyneenä nilkuttamassa syrjään
     ylpeänä uutteruudestaan
               tai mistä sen tietää
          ehkä jo unohtanut.

MERIHEVOSET

Läpinäkyvät merihevoset leijuvat äänettömästi ympärillä.
Ei tiedetä tarkoittavatko ne hyvää vai varoittavatko jostakin
ikävästä. Saisivat antaa ymmärrettävän merkin tai lähteä
muualle. Salaperäisyys saa kaikki tolaltaan ja kaipaamaan
jonnekin missä onnellisuus ei karkaa.

SILMÄNRÄPÄHDYS

Kiersin tukiasemat (mitä nyt silloin tällöin nappasin viestin,
huvikseni vain), suihkin pitkin suurjännitelinjaa kuin
prenikkapujottelija, lopuksi värkkäsin viitan voimalan
savutupruista ja ennen kuin

              ehdin edes jarruttaa, olin nenäkarvojani
myöten varvikossa, sieraimiini tunki pilvipursun
aromiaaltoja (kaikkiko tässä pitää kestää), mennikkäiset
keikkuivat hassujen hattujen päällä, päästelivät vislausääniä.

              Suurin töyhtökorva, jäkälähousu
röyhtäisi räkätyshihityksen, sojotti käpäläänsä minua kohti
- *katsokaa tuota maitiaisnaamaa, pöllön kynsistäkö tipahdit!*
Puhaltelivat minua kohti kuin kynttilää sammuttaisivat,
silmiäni kutitti,

                    kun sain ne auki, en
nähnyt missä olin – kennot kai epäkunnossa – en
muistanutkaan mitään (taas yksi tylsäksi kaluttu ekskurssi?).
Muisti, tuo häilyvä ja sumea, ketkuilee aina perässä,
loikahtaa joka tabloiditornille infovaihtoon, mukamas.

VAPAUS

mäen pimeällä puolella
        kaipauksen lapset karkasivat
            luikertelivat jaloissa
            kuin pienet käärmeen poikaset
                kunnes kivien kolot imaisivat

huokaisin helpotuksesta
itkin ikävästä

valo polttaa silmiä toisella puolella

YKSIN

Huoneen kattoon oli aamulla
revennyt kädenmentävä reikä.
Aivastelin ullakon pölyä.
Yritin lakaista laastia.
Yhtäkkiä huone pimeni.
Kaapin perältä löysin kynttilän.

Ikkunan takana sammunut kaupunki. Ohiajavien autojen
valokiilat kuin unta tai illuusiota. Hissin ovi kolahti auki,
rämähti saman tien kiinni. Korvissa alkoi suhista.

Sade rummutti mustaa ruutua. Muistin miten Italian
matkallamme vesi oli norunut pitkin muureja Pompeijin
raunioilla. Pisaraverhon läpi näin kumartuneen hahmoni
avoimen lieden yllä, padasta levisi yrttien tuoksua.
Kynttilän liekki sai varjoni värisemään, tunsin liukuvani
ulos huoneesta.

Havahdun kaupungin ääniin, joku huutaa, bussi jarruttaa,
lokit kirkuvat (miksi ne kirkuvat pimeässä), laivan sumutorvi
tööttää pitkään sataman suulla.

Hissin ovi kolahtaa.
Ei askeleita rappukäytävässä.
Ei mitään.

NE VILLIINTYVÄT PIMEYDESSÄ

PORTTI

Muuri, sammaloitunut, rapistuva
        yön ja päivän välissä
ei anna valoa yöhön
päästää pimeän portista ulos.

Et saa kiinni
        mikä teki sinusta sinut
se väistelee, murenee, kun
                yö yhä pitenee
päivät kulkevat ohi
        katsomatta taakseen
        näkemättä eteenpäin.

Et tiedä päivän rajaa
etkä osaa pysäyttää yötä.

LIIAN ISO ASIA TAJUTA?

hämähäkit vaanivat nurkan takana
                verkot valmiina
kun nimeämätön aika tulee

voinko muuta kuin odottaa
                että jonain yönä herään
        pimeäntahmaisiin säikeisiin
aamun kajo vielä kaukana
                eikä kukaan kuule huutoani

JOS

tietäisi tarkkaan
        mikä kerros on kipua
voisiko sen häätää

vai mahtuvatko sen saappaat aina oven väliin
        kuluneet saappaat pohjassa reikiä
                kyynelten karata

SYYSHALLA

Aamun pimeys ei väisty
          eikä syyshalla ole hallaa
vaan jäätikkö, hileinen ja rosoinen
               ritisee, rasahtelee
uhkaa pettää uudelleen ja uudelleen
                    varpaat sinertävät.

Jaksatko odottaa, kunnes viima irrottaa ajatuksetkin
          puoliksi kuihtuneet, puoliksi kohmeiset
lähettää tiehensä
          kipujen kaiken nielevään sammioon
eikä ohimoilla kihise valvottu yö
                    ei enää.

TYHJÄÄ

pohjan tyhjyys ammottaa
vaikka haaveet pursuavat yli

reunat kumisevat onttoina

SILKKISEITTI

Ne kulkevat toistensa rinnalla
                jonain päivänä lävitse
        yön seitinohuen silkin.

Tänään upotat sormesi saveen
        puutarhaan kaivetun kuopan
                ja järven pohjan saveen
annat tyyntyvän veden huuhtoa
        nuottaruohojen hitaassa liikkeessä.

Heräät yöllä kostein hiuksin
                tyynyssä kuoppa
et avaa silmiä, et nouse
        jäät piiloon silkkiseitin taa
                sillä tiedät jo,

vähitellen se ohenee, katoaa
        ja rajat sumenevat.

KAIKKI SANOTTU

Mitä voidaan sanoa, on sanottu
                kaluttu läpikuultavaksi
        hauraaksi murehdittu.

TAVARAT

jäivät bussiin
        tien mutka nielee takavalot
varo askeleitasi
                miksei valittu kiertotietä

ääniä
        loiskahdus, toinen
                moottorivene lähestyy
                        yskii, tukehtuu
        ranta ei voi olla kaukana

monotonista hyräilyä
        muurahaisten ajasta, kunnes
                hyytyy hiljaisuuteen

askeltemme äänet
        hajoavat juurakoihin

emme ole enää täällä
                tietääkö kukaan
        milloin perillä

EKSYKSISSÄ

Ruovikon tiheys tuo hämärän
                    vie suunnan
kaislat viiltävät veneen reunaa
airo juuttuu tiheään seinään
          kämmenen rakko kirvelee
                    kierrätkö kehää.

Suon sumu nousee
                    käärii helmaansa polut
          jalka ei löydä pitkospuuta
saappaat puristuvat silmäkkeisiin
          kylmä henkäys tahmea seitti
                    sormien välissä.

Kaislikon, suon henget kihisevät kilpaa.

AIKA PYSÄHTYY

mustikkametsän helteisyys
        laskostuu puiden väliin
mäntyjen humina ohenee

hyttysten ininä, suopursun tuoksu
        valtaavat vapaan ilman
ja käärmeet, ne torkkuvat ohi päivän

minuutit juuttuvat ukkosen uhkaan
                sinimustat pilvet
        verkkokalvojen kuvissa

MUSTARASTAS

kuiskaan hiljaa
        ohi telemastojen
                mustarastas
                        pörhistää sulkiaan

matka tienhaaraan
        muistin tallentamaan murtumaan
ei kompassia, älytekniikkaa
        vain sanottujen sanojen
                puhkikulunut kartta
                ja oikea taajuus
        ohi pinttymien ja tulkintojen
                tiesulkujen

                                turhaan
et vastaa
        viesti hukkuu
                unohduksen
                        tiheikköön
                mustarastas
        sirahtaa
hämärään

MARRASKUUSSA

Onko niin
        että ne villiintyvät pimeydessä
luulevat voivansa omia kaiken
            mitä keksivät mieliä
että nopeasti ohi valahtava päivä
            on niiden altis palvelija
vaikkei kukaan palkitse ketään.

Lyhyet päivät ja pitkät pimeät
                    ojentavat niille
        läpipääsemätöntä energiaa
                ilman vastikkeita,
        oma puolustuskin rakoilee,

alan liukua lohduttomaan sameuteen
        jossa yhä välähtelee kuvajaisia
                lapsuuden painajaisista
kun sudet ajavat takaa tai
kun putoaa syvään kuiluun ja
        putoaminen kestää ja kestää ja
alhaalla välkkyy synkeä vesi
                välkkyy aina yhtä syvällä
                        yhtä pahaenteisenä.

Mutta marraskuu on musta
        vaikka sataisi lunta
            se piilottaa silmiltä
                ei mieleltä
kuin puhtaan valkean lumenkin läpi
                kuollut maa
            imisi kaiken valon.

AIKA KUIN YHTÄ

MINKÄLAISTA OLISI

uni ei tuo ratkaisua
            vain raskautta
vuosissa kekoontunutta
hankalasti arvotettavaa

unessa
en löydä raukeutta
vain valvotut kellonsiirtymät
levottomuus aivomutkissa
            ja silloin tällöin
toivottomia toiveita

että tunnettu muttei mainittu
antaisi periksi
unohtaisi estekerrokset
            kuiskaisi
vaikka extrasordiinolla

minkälaista olisi
tuntea eheyttä
aamusta iltaan
illasta aamuun
minä, sisimpäni ja päälliseni

VIELÄ KERRAN

En kaipaa irti maasta
                kaipaan keveyttä
        pilvenhahtuvaa vailla suunnitelmaa
                itätaivaan aamuvenyttelyä
kaipaan hellepäivän
                raukeaa verkkaisuutta
        kelohongan salakaikua
enkä unohda lumikristallien
                hopeista kuiskutusta.

***

Jospa sittenkin
        etsin vanhat siivet
puhkikuluneet, siististi laskostetut
                pois silmistä käärityt
        jotten muistaisi.

Vielä kerran päästän irti
                lennähtelen tuokion
sormenpäissä siipisäikeen
                kauhtunut silkkisyys.

En ajattele tulevaa
en mennyttäkään
vain leijun, hetken vain leijun.

PINO

Kokoan päiviä pinoon
              jolle voin kiivetä
jos haluan nähdä kaiken
              mikä meni jo ohi,

ja jos tähyän pitemmälle
              löytää mielen piiloista
                    mitä olisi voinut olla.

AIKA KUIN YHTÄ

palaan takaisin iltapäivän hämärään
                    hetkeen, jolloin synnyin
         maisemaan, josta valo alkaa vetäytyä
              lumen peitto pelloilla ja järven selällä
              hangen kaarteissa syvenevä raukeus

                    tulee päivä
jolloin lumikiteet kimmeltävät auringossa
              jää kirskuu luistimien alla riemukkaammin

herään aamuun
              jolloin taivaanrannan hennon utuisuuden
                    voittaa yhä aikaisemmin leviävä punerrus

aika on kuin yhtä, läpikuultavaa

PEILISSÄ

Vieras kaupunki, autio sali missä
               kattokruunujen valokiilat
        kuvioivat katveista kohoavia varjoja.

Se on niin kaukana
        etten voi olla varma
olenko se minä
        jos olisin valinnut toisin.

Ennen kuin varjot sakenevat
        haluan päästä lähemmäs
katsoisin sitä kuin peiliin
        mutta näkisikö se minut
               kuin minä sen.

DAA-DI-DAA

kolikot peruuttivat pelästyneinä
Fontana di Trevin suihkulähteestä
jossa luupinot kalisuttivat hapertuneita hampaitaan
kylmässä kuplivassa, virittivät
oo sooo-le mii-oo-n
hukkuneiden turistien kanssa
perhosen siivet jumissa, silti

sammakko kadotti prinsessansa Belgiassa
Waterloohon menevän tien poskeen
juuri kun onnenpensaat olivat alkaneet ikävystyneinä
haukotella keväisessä luuvalossa
hiiri lopetella Wiener schnitzeliään ja
tarkastella kybertuottojaan,

lennä leiju
sinä karvainen keiju
huh-hah-hei ja Diet Cokea pullo
pörssikurssit yskivät liikuttuneina, kun
Broadwayn magnoliat ravistelivat lumihiutaleita hiuksistaan
puhaltelivat maalattuja, luunvalkoisia kynsiään ja
lähtivät vappumarssille
yksikätisen merirosvon kanssa,

kultivoidut kolikot kilistelivät
sikin sokin
yksi eteen kaksi taakse
Empire State Buildingin katolle
kaivoivat laskuvarjot kupeestaan ja läiskähtivät
konferenssimatkalta palaavan sammakon kyytiin
lupasivat toimittaa tälle viriilin prinsessan
kuriiripostilla

LINTU JOTA EI OLE

Salamaniskun tärinä kiipeää kivijalasta, vihreä maljakko
räsähtää lattialle. Toinen räsähdys ja ikkunassa on rosoinen
aukko, josta sisään lehahtaa mustankirjava, pitkätöyhtöinen
lintu.
　　　Päälaki loistaa punaisena, se kääntelee kaulaansa
kuin laskisi onko tarpeeksi yleisöä, nokkaisee pöydältä
leivänmurusen, katselee meitä mietteissään, nyökkää ja
näyttää tyytyväiseltä, kääntyy, suhahtaa aukosta ulos.

Äiti käy kaapilla huoneen nurkassa, lasinsirut ritisevät.
Onkohan vihreiden sirpaleiden ääni erilainen kuin
kirkkaiden. Pitäisi lakaista lattia, peittää reikä ikkunassa,
kukaan ei nouse.

Istumme sohvalla kylki kyljessä, odotamme lintua takaisin
ja että ukonilma saisi tarpeekseen, kukaan ei sano mitään.
　　　　　　　Suklaalevyn kääre rapisee,
äiti antaa kaikille ison palan. Isä aloittaa, että pitäisi, ei jatka,
pi-täi-si pyörii pimenevässä huoneessa, häviää, ehkä ikkunan
rosoaukosta. Suklaa sulaa kielen päällä.

Ps.
Odotimme koko kesän, että lintu tulisi takaisin, ei tullut.
Tutkimme lintukirjoja, turhaan. Yritin piirtämistä ja mitä
enemmän yritin, sitä etäämmäs se pakeni.

KULTAISTA PÖLYÄ

Ihmeiden ajan tullessa
emme enää muista hämmästyä.
Unohdus on kulkenut edellä
          vihellellen houkuttaen
kuin sadun pillipiipari.

Sydämet lyövät kuin metronomit
          hopeisten vuorten takana.
Hevosten kaviot iskevät tulta
          kohta kultaista pölyä.

Matka on pitkä
mutta meillä on aika.

JOS VAAN MUISTAISIN

Mennään vaan sieltä missä aita näyttää matalammalta,
polvissa kurapaakut, kohta hierottu pölyksi ja huomenna
– jos afäärit sallii – ruohonvihreää,

                    hepokatit liiskaantuvat itkien
viimeisiä veisujaan, soitot soitettu, säilötty talven varalle,
säilötty variksenmarjatkin viimeiseen sulkaan, juolukat
juoksutettu, riivitty parempiin suihin.

Paremmat suut salavihkaa haihtuivat hupirannoille,
kiiltokuvien kiiltäville. Miten helppoa onkaan sietää
myrskyt ja hyrskyt odotettavissa iltaan asti -sääprofeettojen
fantasioissa, hyvin muotoilluissa ja kiharretuissa,

                    ja niiden monikossa olevien yläpuolella
kaikki myrskypilvet, poutapilvet, illan punerrus, aamunkin,
toinen hyvää, toinen huonoa. Jos vaan muistaisin, miten se
meni, siitä on niin kauan aikaa, muuratun muurin tiiliskivien
verran aikaa.

Sitten tuleekin uusi aamu, sen punerrus, yhdestä kulmasta
häilyvän herkkä, toisesta tulisen oranssi,
                              vaan minä kierrän
tukkani nutturalle, koristelen kirjolinnun sulalla ja
korskeimman koivun latvassa päästän säilötyt soitot irti.

Kiitän

Anne Lukkarilaa, jonka asiantuntevassa ohjauksessa tämä
kirja löysi rakenteensa ja sisältönsä

Aira Saloniemeä, jonka pätevät kommentit auttoivat sekä
ulkoasun että sisällön viimeistelyssä.

Karia, joka on aina valmis keskustelemaan ja
kommentoimaan – oli sitten runon ensimmäinen tai
kymmenes versio.

Runoluettelo

Runot sivuilla 23, 29, 31, 33, 41, 43 ja 63 on julkaistu aiemmissa kirjoissani, osaa on muokattu uudelleen.